아무도 사랑하지 않는 사랑에게

아무도 사랑하지 않는 사랑에게

발행일 | 2025년 1월 20일
지은이 | 김수복
발행인 | 장문정
기　획 | 안영희
발행처 | 문예바다
　　　　등록번호 | 105-03-77241
　　　　주소 | 서울 종로구 삼일대로 30길, 21(종로오피스텔) 611호
　　　　전화 02) 744-2208
　　　　메일 qmyes@naver.com

ⓒ 김수복, 2025. Printed in Seoul, Korea
ISBN | 979-11-6115-266-0　　(02810)

* 이 책의 판권은 지은이와 출판사에 있습니다.
  양측의 서면 동의 없는 무단복제를 금합니다.

문예바다 서정시선집 020

아무도 사랑하지 않는 사랑에게

김수복

문예바다

네팔 포카라 안나푸르나 설산이 비치는 페와 호숫가에서

| 시인의 말 |

『기도하는 나무』(종로서적, 1989) 이후
두 번째 시선집이다.
지나온 시의 길을 되돌아보니
너무 멀리 걸어왔다.
그 길들이 달맞이꽃처럼 슬프기도 하고,
목화꽃처럼 가슴 저리기도 하다.
땅 위의 길과 시의 길이 만나
함께 걸어가는 그곳까지
계속 걸어가리라.

2024년 초겨울
김수복

차례 | 아무도 사랑하지 않는 사랑에게

시인의 말 _ 5

제1부 • 꽃이 피는 너에게
산청山淸의 눈보라 _ 12
피리 구멍 _ 13
봄꽃 _ 14
해 _ 15
봄비 _ 16
봄날 _ 17
유월 _ 18
대낮 _ 19
겨울 메아리 _ 20
꽃이 피는 너에게 _ 22
동백꽃 _ 23
배꼽 _ 24
나이 _ 25
하현달 _ 26
산설殘雪 _ 27
아무도 몰랐다 _ 28

그의 미소 _ 29
라일락 질 무렵 _ 30

제2부 • 밤하늘이 시를 쓰다

밤하늘이 시를 쓰다 _ 32
둥글다는 생각 _ 33
징검다리 _ 34
새벽 신발 _ 35
전야前夜 _ 36
독도 _ 37
한반도 _ 38
구름 _ 39
늦잠 _ 40
묵상默想 _ 41
한 됫박의 반달 _ 42
빗소리의 장례 _ 43
반항일성反抗日性 시대 _ 44
섬초롱꽃 종 _ 45
오화해 _ 46
사이 _ 47
진눈깨비 _ 48
나팔꽃 _ 49
노랑지빠귀 날다 _ 50

제3부 • 슬픔이 환해지다
이승 _ 52
길 _ 53
새 _ 54
반딧불 _ 55
그늘이 들어오네 _ 56
빈 의자 _ 57
운명처럼 _ 58
태몽 _ 59
슬픔이 환해지다 _ 60
노년 _ 61
편지 _ 62
풍경風磬 _ 63
첫사랑 _ 64
비탈길 _ 65
8월 _ 66
중천 _ 67
새를 기다리며 _ 68
짚신 _ 69
모항 _ 70

제4부 • 시가 오는 봄날
시가 오는 봄날 _ 72

청산 _ 73
거울 앞에서 _ 74
의자의 봄날 _ 75
괘종시계 _ 76
비단벌레 _ 77
천둥소리 _ 78
새벽이슬 _ 79
해바라기 _ 80
비밀 _ 81
반딧불 _ 82
연밥 _ 83
경주 남산 _ 84
폭포 _ 85
장미 _ 86
적막 _ 87
문신 _ 88
11월 _ 89

제5부 • 아무도 사랑하지 않는 사랑에게

그늘의 이력 _ 92
노래하는 그릇 _ 93
고양이들 _ 94
수평선 의자 _ 95

연 _ 96
가로등 _ 97
침묵의 일기 _ 98
그림자들의 얼굴 _ 99
어깨 _ 100
무덤 _ 101
산울림 _ 102
고래를 생각함 _ 103
느티나무 _ 104
미소 _ 105
아무도 사랑하지 않는 사랑에게 _ 106
그림자 _ 107
꽃밭 _ 108
귀 _ 109
떡갈나무 숲 _ 110

서정抒情을 향하다 • 양자의 언어와 서정의 향기 _ 112

제1부 꽃이 피는 너에게

산청山淸의 눈보라

주막집 등불 가까이 눈발이 내리다
그리운 집이 묻히다 길이 묻히다
사라짐을 위한 노래도 묻히다
강江가 모래벌에 별이 스치다
그리운 집이 끌려가다
몇 가닥의 길이 끌려가다
끌려가다 끌려가다 아우성 소리
끌려감을 위한 노래도 끌려가다

피리 구멍

 대나무가 되려거든 죽창이 되지 말고 피리가 되라던 할아버지 말씀이 뒷산 호숫가에 와 있었습니다 지난밤 잠을 설치고 마른땀만 등 뒤로 흘리던 오동나무도 할아버지 말씀 곁에 와 있었습니다 동학 무렵이던가 대낮을 피해 사시던 할아버지가 가꾸신 뒤뜰 대나무숲이 호수 속에 물살을 이루며 흔들렸습니다 숲은 바람결에 흔들리면서도 할아버지가 겨울 들판을 휘저으며 부르짖던 함성 속에서 서 있었습니다
 오늘 새벽 잠 못 이룬 집 앞 오동나무 곁에서 몇 개의 별들이 피리 구멍을 빠져나와 하늘로 오르는 것을 보았습니다 대나무가 되려거든 죽창이 되지 말고 피리가 되라는 할아버지 말씀이 잠든 뒷산을 뒤흔들어 깨웠습니다

봄꽃

입이 열리듯이
잎이 웃는다
아, 입을 벌리고
산수유 잎 웃는다
웃을 일도 없는
나는 입도 없다

아, 틀어막혔던 입을 열고 피는 꽃들

해

몽골 대평원

만삭의 말이 산통의

죽음에 다다라서

끙,

새끼를 몸 밖으로 밀어내는데

지나가던 구름이 긴 혀를 내밀어 핥아서

일으켜 세우네

봄비

고개를 들고 나를 쳐다보라고
밤새도록 다그치며 말했다

한 번 죽는 목숨이지만
모든 죽어가는 것들 살리겠다고

나를 바라보라고
나를 한 번만이라도 똑바로 쳐다보라고

봄날

　빈혈입니다 검진대에서 몸을 비틀며 내려오는 내게 의사는 말했다 아찔해지면서 무궁화꽃이 피었습니다를 읊조리며 뛰놀던 그해 봄날 햇살 속이 떠올랐습니다
　빈혈, 내 피는 자꾸 몰려가는 구름처럼 어디로 몰려가서 돌아오지 않는가 몰려가서 아직도 이루어야 할 혁명이 있는가 희망이 있는가 평화가 있는가
　비틀거리는 내 그림자 위로 눈부시게 쏟아지는 햇살 속으로 나의 그림자도 희망도 꿈도 사랑도 혁명도 묶여져 들어가는 사월의 들길이 희미하게 보이기 시작했다

유월

저녁이 되자 모든 길들은
노래를 부르기 시작했다
추억 속에 불을 훤히 밝히고
유월의 저녁 감자꽃 속으로
길들은 몸을 풀었다
산 너머로 아득한 양털 구름이
뜨거워져 있을 무렵
길들은 자꾸자꾸 노래를 불렀다
저물어 가는 감자꽃 밭고랑
사이로 해는 몸이 달아올라
넘어지며 달아나고 식은
노랫가락 속에 길들은
흠뻑 젖어 있었다

대낮

진흙 길에 소나기가 지나갔다
움푹 파인 길의 작은 가슴들이
두근거리는 대낮이었다
백산에서 고부로 가는 붉은 언덕 아래
쏟아지는 젖은 몸들이
길의 상처라고 여겼던 웅덩이
속에 빠져 좋아 날뛰었다

길의 가슴이 두근거리는 대낮이었다
파인 것은 파인 것끼리 어깨를 나누어
몸을 가두고 몸속에
제 몸을 살리기 위해 더욱
너무 좋아서 서로의 살갗을
두드리는 대낮이었다

겨울 메아리

죽고

다시 사는 일이란

아침에서 저녁으로 건너가는,

이 나무에게서 저 나무에게로 건너가는,

나의 슬픔에서 너의 슬픔으로 건너가는,

너에게서 나에게로

나에게서 너에게로

죽음에서 이승으로 건너오는 일인걸

새벽 눈발을 맞으며

새벽 산허리에 감기는,

훨훨, 죽음을 넘나드는 눈발이 되어

한 며칠 눈사람이 되어 깊이 잠드는 일인걸

꽃이 피는 너에게

사랑의 시체가 말했다

가장 잘 자란 나무 밑에는
가장 잘 썩은 시체가 누워 있다고

가장 큰 사랑의 눈에는
가장 깊은 슬픔의 눈동자가 있다고

동백꽃

재개발아파트를 기다리며 어머니는

지난겨울 터진 보일러를 새로 놓아드린다 해도
다 허물 텐데
나는 괜찮다 걱정하지 마라 하신다

환절기 조심하시라 해도
차분 데서 있다가 차분 데로 가는 거는 감기 안 걸린다
너거는 밥 제때 애들하고 끼니 거르지 말고 잘 챙기라

나는 괜찮다
나는 괜찮다

내 몸이 보일러다
뜨건 물도 잘도 데우는 동백꽃이다, 라고

배꼽

해가 빨려 들어가서 나오지 않는
텃밭에 뱀이 기어들어 간 밭고랑

소나기 지나간 뒤
황톳길 끌고 가는 노을의

꼬리가 숨어 들어가서 나오지 않는
그곳

나이

사람과 사람 사이로 해가 지나가듯

강물이 흘러 스스로 나이를 먹는다는 것

산등성이 가슴에 눈꽃이 피었다는 겨울 안부를

먼 바다 기슭에 나와 있는 저녁 동백꽃에게

잊지 않고 꼭 전해 주러 가는 길

하현달

하느님 어디 가셨나

저 하늘에

자물통 하나

걸어 두고

잔설殘雪

눈이 멀어지자

눈은 멎었다

배추흰나비 한 마리

이불을 개어 놓고 나온다

아무도 몰랐다

햇살이 장독에 담아 두고 싶은 비밀

첫눈이 장독에 담아 두고 싶은 비밀

보슬비가 장독에 담아 두고 싶은 비밀

샛바람이 장독에 담아 두고 싶은 비밀

그의 미소

별들이 자고 가고

전쟁이 멈추고

죽은 이들도 깨어나는

구름이 지나가는 호수가 있다

라일락 질 무렵

사람들은 지나온 길들이 아름다웠다고
너는 다시는 잊지 않겠다고 말할 것이다
짧게 끝났던 봄, 그 얼굴조차 기억할 수 없을
한때 담을 넘고 손을 뻗어 함께 우러렀던 하늘 끝
이제 그 바다 가운데로 떨어져
섬이 될 것이다

제2부 = 밤하늘이 시를 쓰다

밤하늘이 시를 쓰다
— 윤동주 「서시序詩」

겨울 밤하늘이 시를 쓰다
잠들지 않은 별들은 시가 될 것이다
적막강산의 눈이 멀었다
서쪽 하늘 연꽃의 미소는
별들의 노래를 한 장씩
한 장씩 넘길 것이다
늦게 오는 새벽은
시인이 될 것이다

둥글다는 생각
— 윤동주 「소년」

사랑한다는 말이 그대에게 굴러가는 동안,
애벌레 방에서 나비가 날아오르는 동안,
동굴에서 사람들이 걸어 나오는 동안,
하늘 비탈에서 굴러떨어지는 저녁별이 뜨는 동안,
이별이라는 말이 돌아오기를 두려워하는 해는 둥글게 사라지고
사랑처럼 슬픈 얼굴이 어른거리네*

*윤동주의 시 구절 인용. 이하 같음.

징검다리
— 윤동주 「새로운 길」

길이 없으면
마음과 마음 사이로
징검다리를 놓아야지
서로 마주 보고 얼굴을 닦아 주어야지
가시밭길이라더라도 서로 웃어 주어야지
내를 건너서 숲으로
고개를 넘어서 마을로*
웃으며 가야지

새벽 신발
—윤동주 「간판看板 없는 거리」

자애로운, 더욱
자애로운 불을 켜 들고*
밤사이 노숙의
천막집에

하느님 다녀가셨나 보다

새벽이슬의 발등이 차갑다고
신발을 벗어 두고 가신 걸 보니

전야 前夜
— 윤동주 「태초太初의 아침」

사랑은 뱀과 함께
독은 어린 꽃과 함께

그 전날 밤에*
그 전전날 밤에

나는 무지개가 되어
사랑의 계약에 걸렸다네

독도
— 윤동주 「간肝」

다시는 유혹에 떨어지지 말자*
오리야
단풍나무들아
갈대들아
외로움은 어떤 무기보다도
그 어떤 폭풍과
파도보다도 강하다
외로움을 두려워하지 마라
외로움은 스스로를 지키는 수호천사다

한반도

오늘은 날이 쾌청하여
우리 남해의 먼동을 들쳐서 업고
압록강 너머 요동으로 가서
우리 노을이나 한 짐 지고 올까나

구름

 저 구름은, 그리운 물푸레나무 머리 위에 앉았다가도 다시 햇살이 되어 해바라기 눈 속에 들어가 해바라기가 되었다가 다시 해일이 되어 먼 섬 하나 들어 올렸다가도 그리운 사람 마음속 무지개 되었다가, 굽이치다가, 서러운 강물 위에 누웠다가, 퍼지게 누웠다가, 몸속과 몸 밖을 드나들며 한 세월 살다가 흘러가는 사람

늦잠
— 윤동주 「비 오는 밤」

세상모르고 늦잠을 잤다

깨어나 보니 아무도 없다

부모들도 친구들도

모두 세상을 떠나갔으니

텅 빈 하늘에 눈을 맞추고

연꽃 두 남매가 간구하고 있다

달의 이마가 붉어진다*

묵상默想
— 윤동주「창窓」

단풍잎 하나
싸늘한 하늘의 유리창에*
얼굴을 대 보다가 눈을 감는다
비폭력으로
땅에 떨어져서 눈을 뜨고
평화의 무덤이 된다

한 됫박의 반달
—윤동주 「장」

하루 종일 양재천
올망졸망한 햇살들을
되질하고 저울질하고 자질하다가*
날이 저물어
한 됫박의
쓴 생활과 바꾸어
반 됫박의 구름을 이고 가는
반달처럼
집으로 뉘엿뉘엿 걸어 들어간다

빗소리의 장례
— 윤동주 「황혼黃昏」

그리움에 타 버린 빗소리를 바라보네
바람의 가슴에도 안길 수 없는
허리의 용광로에 타들어 가는
종소리를 바라보네

저녁은 긴 그리움의 장례식이라네
홀로 지내는 장례식이라네

반항일성反抗日性 시대
― 윤동주 「해바라기 얼굴」

오늘 해바라기 얼굴들은
왜 해에게서
등을 돌려
슬픈 유적 같은
내 얼굴을 쳐다보는 걸까
얼굴을 숙어들어*
내 슬픔을 들여다보는 걸까

섬초롱꽃 종
— 윤동주 「햇빛, 바람」

바람이 종을 치네요
늦은 낮잠에서 깨어난
추억이 흔들리네요
등 뒤에서 밥 먹고 가라 하셨던
어머니 멀리 계시네요
흔들리는 종소리의 방문 틈으로
저녁 바람 솔솔 들어오지요*

오화해[1]
— 윤동주 「거짓부리」

달빛 쟁쟁하니
붉은 자작나무 한 겹 두 겹
옷을 벗어 놓고 몸을 씻는다네
호수는 부끄러워 눈을 감는다네
다섯 선녀 달빛 타고 내려왔다네
맑은 거울 속 몸매 자색에 빠졌을 때
그만 붉은 자작나무가 되었다네
기다리던 문 열어 주는* 호수 거울 되었다네

---

[1] 동티베트 구채구에 있는 호수.

사이
— 윤동주 「종시終始」

눈을 감고 하늘을 올려다보니

사이가 참 좋다

나와 나 사이
사람과 사람 사이
나무와 나무 사이
새들과 새들 사이
지는 해와 뜨는 해 사이

도착하여야 할 시대의 정거장이 있다면* 더 좋다

진눈깨비

 아버지가 남겨 둔 일기 몇 권을 태웠다 거친 세월이 뒤로 밀려가며 연기를 피워 내었다
 눈이 쓰리고 아파 왔다 빈 공책 몇 권을 당신의 집으로 어루만지며 지난 세월을 다듬어 세우셨던 빈집들이 더러는 재로 날리어 서편 하늘로 갔다 진눈깨비가 날리는 텅 빈 꽃밭 언저리에서 당신의 집은 타들어 가고 있었다 눈물로도 지울 수 없는 집 한 채를 당신의 꽃밭 언저리에 앉아 서편 하늘로 날려 보냈다 저물도록 진눈깨비는 그칠 줄을 모르고 마당가를 맴돌았다

나팔꽃

비가 오락가락

무릎이 시리다

더 올라가야 하나

외로움에 입술까지 파래졌다

노랑지빠귀 날다

황혼이

먹먹해질 때까지

서로를 미워하는 사람들과

너무 오래 지냈다

제3부 = 슬픔이 환해지다

이승

대낮이었다

자꾸 그리워지는 사람이 있었다

작은 눈짓에도

웃음 짓는 섬이 있었다

길

이제
몸속의 해가
나를 비출 필요가 없고,

몸속의 달이
나를 비출 필요가 없어졌다

몸속의
길이 열리고
해가 되고
달이 되었다
(이사야 60 : 19)

새

저녁을 먹고
어머니의 팔을 껴안고
계단을 내려갔습니다

문을 나서니
어머니의 몸 안에서
새들이 지저귀고 있었습니다

저녁노을 속에서도
붉게 물든 깃털들이
쏟아져 내렸습니다

반딧불

 저편 마을의 마구간이 보이지 않고, 마을 앞 냇가 가문 바닥이 보이지 않고, 당산나무 숲이 보이지 않고, 이윽고 그대가 보이지 않고, 그대 마음이 보이지 않고, 그대 마음의 사랑이 보이지 않고, 이리 뛰고 저리 뛰고 날아다녀도 풀리지 않는 이 어둠이여

그늘이 들어오네

그늘이 내게 들어오네
성큼성큼 걸어들어와

나도 모르게 나를 독점하고
의자가 된 나를 밀치고
의자의 그늘을 앉히네

빈 의자

간밤 노숙의 꿈들이 죽어 떠나니
햇살을 들추고
오래 서 있던 나무 그림자가 앉아 본다
아직 살아갈 용기가 남아 있다고

운명처럼

풀잎 위에 내리면 눈동자가 되고
호수 위에 내리면 맨발이 간지럽고
흙탕물 위에 내렸다가 다시 튀어 오르는
비의 형제들

태몽

하동 송림 삼백 살 드신 적송 한 그루
저녁이 가까이 오면
섬진강 넓은 배에다 조용히
귀를 갖다 대는
해를 바라보며
웃는다

남해바다는
만삭이 될 것이다

슬픔이 환해지다

내일의 길목에게
가시관을 걸어 주다
암흑의 길목에도
일출의 길목에도
그림자의 길목에도
사랑의 가시관을 걸어 주다
너는 더욱 어두워지고
슬픔은 더욱 환해지다

노년

그래,
좋은 척, 좋은 척하고
살아야지 뭐,
저 하늘
구름 어머니 품 그리워해야지,
얼굴 없는 침묵으로
삐어져나온 저 노을의 발도 덮어 줘야지

편지

입속이 타들어 가는 달을 바라본다
소금을 뿌린 듯
달무리의 눈물도
더욱 하얗다
멀리 있는 당신에게서
모란이 툭, 툭 지는 밤

풍경風磬

오솔길을 찾아
바람과 바람 사이의 골목
사랑이라든가 원망까지도
가슴으로 품었다가
이 집 저 집 처마로 분주히 날라다 주는
공중의 우편배달부

첫사랑

저 하늘 우체통에다
사랑한다는 엽서를 몰래 두고
슬며시 골목을 빠져나오는
구름을 바라보고 있는 일

비탈길

고랭지 배추밭에서 풀을 매는 할매들
비탈밭 옆길 끓는 해에게
수제비구름 떠 넣어
새참을 먹고 있다

8월

목청이 터져 피가 나나 봐요
하루 종일 울음이 붉게 들려요
그래, 여름이 다 가는 모양이다
매미 소리의 등 뒤를 돌아보시며
내게 할아버지는 말했더랬지요

중천

사마리아 여인의 몸에서
달이 빠져나가
떠 있는,
마음의 허리
텅 비어 차 있는
중천

새를 기다리며

사월은 가고 사월의 사랑도 가고
목련도 떨어져 잠 못 드는 거리에서
우리는 새를 기다렸다
노래하는 새를 기다리며
우리는 기도를 했다
햇빛이 사흘간 빛나는 동안
우리의 죄에 대해 용서를 빌고
새를 기다렸다
기도하는 새를 기다렸다
우리가 꿈꾸는 숲은 너무 멀고
잠 못 드는 밤은 점점 깊어만 갔다
사월도 가고 사월의 사랑도 깊어 가는 숲속에서
노래하는 새를 기다리며
우리는 종일 기도를 하고
사월의 숲속에서
돌아오지 않는 희망에 대해 이야기를 했다

짚신

구름 같은 세상을 떠돌아도

티끌 하나 묻히지 않고

칠십 평생 살다 가신 할아버지

동학란東學亂 때도

사람 목숨이 하늘 같다 하여

길을 가다가도 우러르던 짚신

모항

잠이 들지 않는
갯벌을 들여다보는데

칠산 앞바다 젖을 빨아 대는,

새벽에 깨어서 젖을 보채는
초승달에게도
슬며시 젖을 갖다 물려 주는,

보름달 우리들 엄니

제4부 = 시가 오는 봄날

시가 오는 봄날

서풍이 불어오는 방향으로

비의 눈들이 쏠려 있다

눈가재미들이 몰려오니

연애시를 쓰기 위해 밤을 새웠다

청산

침묵을 참고 소식 전하러 달려왔다

울음도 목이 가늘어진 봄바람이여

이 산 저 산 너머 천둥 속

첩첩산중 대문을 열고 들어가자

거울 앞에서

아무리 울어도 소리가 들리지 않는

울음이 철철 넘치는 냇물 바닥

양떼구름이

물 꼬리별을 들여다보고 있다

의자의 봄날

노부부는 며칠째 오지 않았다

눈을 크게 뜨고 목을 빼고 기다리던

직박구리 부부 근심이 많아졌다

눈앞 산수유나무들 늦게 일어나 안절부절

괘종시계

평생 참고 살았던 냇물이

괘종시계를 드디어 울린다

자물쇠로 속울음 굳게 잠겨 있던

석굴 속 천둥 울듯이 너는 울었다

비단벌레

당신이 없으면 죽을 것 같아

뺨에 눈물을 닦아 주며 말했다

하늘 우러러 네가 부끄러워했던

달빛 등을 타고 첨성대를 기어서 오른다

천둥소리

왼편 가슴 아랫길 번개가 친다

길을 걷다가도 움찟움찟 멈춰 선다

당신이 다 타 버린 하늘에

풍등이 켜지고 있다는 통증인가

새벽이슬

잔잔한 미소로

거대한 바위를 밀고 가자

쇠사슬을 끌고 살아왔듯이

자전거 바퀴를 굴리며 가자

해바라기

자, 이제 울음을 그치고

고개를 들라

먹구름이 지나갔다

시련의 등을 만지며 해가 지나갔다

비밀

무릎을 꿇고 절망이 기도하는 그곳

함성이 잦아들어 숨어 있던 그곳

숨을 참고 들어가 오래 살고 싶었던 그곳

천 길 바다 눈을 뜨고 마주 보며 울던 그곳

반딧불

너를 사랑하기 위해서 떠나는 거야

너를 그리워하기 위해 어둠이 다가오는 거야

이별의 여우에게 홀려서

잊지 못할 얼굴들 찾으러 뛰어다닌다

연밥

솥뚜껑이 열렸다

엉덩이가 뜨거웠다

밥이 익어 가는 뚝배기 뱃속에는

해가 저물어 뜸 들이는 중이다

경주 남산

소나기가 지나갔다

입이 떨어져 나간 석불들

무지개를 껴안고 울었다

운산 운해 그물에 걸려 있다

폭포

자꾸 말을 걸고 싶다

기억들이 되살아나지 않는다

소나기가 목을 매달았다

사랑이란 다 이런 거 아니었던가요

장미

칼날이 번쩍이는 거울 속

칼을 물고 사랑이라 속삭이는

그 웃음 속에는

호수의 슬픈 그늘이 비친다

적막

등 뒤를 걷는다

작두를 타고서

학춤을 추면서

달의 등 줄을 타고 내리는 일이다

문신

새가 날아간 다음

오금이 저리다

심장이 쩌릿쩌릿하다

오래된 말 한마디의 발길이 차다

11월

단풍 뒤에 숨었다

오열이 지나가고

몸속이 창궐하다 싸움 끝나니

숨었던 해가 나와서 웃는다

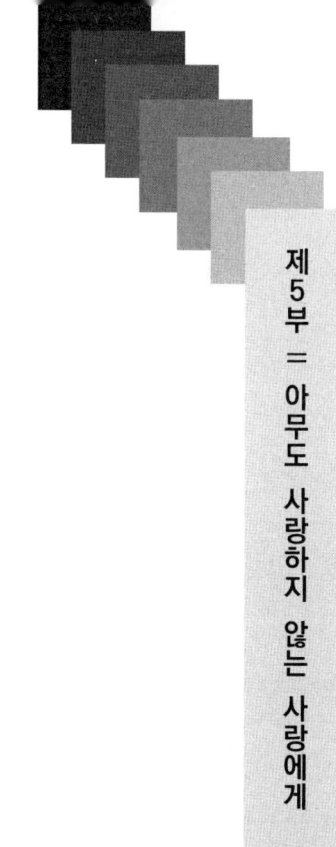

제 5부 = 아무도 사랑하지 않는 사랑에게

그늘의 이력

죽음의 황홀한 눈물 그늘에

들고양이들 멀리 숨어 있다

무덤을 베고 잠이 든 지난날들

어디에 가서 잠이 들 것인가

노래하는 그릇

오체투지로 올라가고 있습니다

죽은 것은 살리시고

살릴 것은 죽이세요

탑이여, 무엇을 더 얻고 살 것인가요

고양이들

고독이라는 정글을 아시나요

그늘과 외로움과 배고픔이

천변의 시영아파트에 모여 사는

어둠으로 배를 채우는 저녁이 있습니다

수평선 의자

의자들 마음이 뒤숭숭한가 봐

갈 길은 아직도 멀어

앉을 곳조차 없는 적막이

해변에 걸터앉는구나

연

심줄을 당겨 가오리연 날다

품격을 잃지 말고 멀리 떠나라

바다 깊은 하늘 속

멀리 날더라도 핏줄은 놓지 마라

가로등

실컷 울고 울어라

등을 기대면 적의도

슬픔의 강을 건너갈 것이고

흰 이마를 적셔 줄 것이리니

침묵의 일기

오전 내내 잠만 자는

중천은 먹먹하다

눈발은 살아 있어서

멀리 있는 길은 더디게 올 것이니

그림자들의 얼굴

계엄령이 내렸었다

천둥은 왜 울지 않았을까

번개는 너무나 멀리 서서

입이 없는 노래를 왜 불렀을까

어깨

빙하기가 왔다

답청踏靑이 한창이다

언덕에 눈들도 녹지 않는다

메아리들도 계곡에서 울고 갔다

무덤

달의 뼈가 시리다

발을 뻗으면 바람이 걸린다

늦게 핀 능소화

강의 늑골을 타고 올라오고 있구나

산울림

달이 뜨면 너는 울고

해가 뜨면 너는 자고

혼자서도 잘 울고

늦게 일어나도 잘 웃는다

고래를 생각함

메아리가 대답 없이 돌아올 때

출구가 없는 슬픔이 숨 쉬고 싶을 때

그것 봐, 그것 봐, 너의 별이 되고 싶은가 봐,

숨을 몰아쉬고 새벽이 오는가 봐

느티나무

불을 켜면 연립주택

세세손손 팔다리마다 방이 있다네

슬하의 자손들

집집마다 저녁밥 먹고 있다네

미소

왜 그랬어

그늘이 다가와 짙어졌다

살아온 날이 굽이굽이 돌아

낭떠러지에 나는 매달려 있다네

아무도 사랑하지 않는 사랑에게

계시는 그곳, 마음은 화창한지요

흔들어 깨워도 새벽은 일어나지 않습니다

히말라야에게서도 소식은 없습니다

이별이 가장 빛나는 사랑이라고 속삭여 봅니다

그림자

나에게서 멀리 떠나라

태양 같은 말씀 들었다

이제 양지에 앉아서 너에게 말한다

멀리멀리 떠나 나와 같은 사람이 되지 말라고

꽃밭

몸은 이토泥土가 되는 연못

바람이 그물을 막아 주는 그늘

반도가 대륙이 되는 문

살얼음 깔아 주며 꽃을 가꾸는 창문

귀

오래 살아남아서 동이 트는구나

해변의 바람 소리를 듣는

깊은 산사의 새들이

풍경을 흔들어 대는 일일 터이다

떡갈나무 숲

솟을대문을 열어놓는다

아랫마을 골목들 아장아장

걸어 들어와 밤새

놀다 가라고

서정 抒情 을 향하다

양자의 언어와 서정의 향기

*

귀가 얇아졌다. 소생하는 사물들의 속삭임이 경쾌하고 소상하게 들린다. 노루귀꽃이 잔설의 이불을 걷어 올리는 환희의 소리는 경이롭게 들린다.

오체투지로 땅속 세상에서 환생의 기쁨에 젖은 청보리 새싹들의 거친 숨소리도 정정하다. 그 숨소리들이 승전가로 들린다. 봄바람에 실려서 흥을 타고 오는 그 노래, 장강 대설의 판소리. 귀가 그 기운 속으로 한없이 빠져들어 가면 온몸에 기가 솟아오른다.

겨우내 마지막 이불까지 개켜 놓은 잔설이 산 능선 아래로 내려와 물러나 있다. 마파람이 대문을 열고 만물의 새로운 세상을 알린다. 이 생명의 후천개벽 개선문을 지나면 엄동설한을 이겨 낸 환호성들이 이곳저곳에서 생명의 부활을 예찬하는 봄의 대관식이 장엄하다.

*

 시가 점점 짧아진다. 시들이 짧아지니 나는 모천에 돌아와 알을 낳는 언어 같다. 길고 긴 역사적·사회학적 상상력의 바다를 돌고 돌아 시원의 모천으로 돌아왔다는 안식의 시간이다. 이 안식이 안겨 주는 원초적 감각들이 시원의 형태를 갈구했으리라. 흐물흐물해진 언어의 옷을 벗고 시의 근원에서 용솟음치는 영감에 사로잡히게 된 것인가. 언어들도 태초로 돌아왔다. 태초의 언어에서 만물이 생명을 얻고, 그 에너지로 성장하고, 사회 속에서 시의 어른이 되어서 인간적 소통과 위안을 주는 언어로 살게 될 것 아닌가.

 이제 내 시들의 말은 양자量子의 언어로 돌아가고 싶어 한다. 세월을 견디면서 먼바다를 돌아 모천으로 돌아와 알을 낳는 연어처럼 나는 '알'의 언어로 시를 쓴다. '알'은 그 생명의 에너지 자체이다. '알'의 언어는 그 자체로는 사물이 되고 존재가 될 수 없지만, 다른 에너지와 수정이 되면 새로운 사물과 존재로 환생한다.

 시가 운명적으로 짧게 진다는 것은 그만큼 강렬하고 즉흥적인 생리의 형식이기 때문이다. 이러한 생리의 시들이 시의 위기를 뚫고 새로운 세상을 열 수 있을 것

서정抒情을 향하다

으로 기대가 크다.

　새로운 사물과의 만남으로 환생한 존재들은 새로운 풍경을 만들고, 새로운 사회의 골목을 비추기도 한다. 역사적 진리를 소환하는 시의 등불이 되기도 한다. 이러한 시의 모습들에서 언어의 부활을 본다. 시의 원초적 형태로의 귀환과 환생은 시의 진화를 의미한다.

　'알'의 언어가 다른 존재를 배척하지 않고, 새로운 짝을 만나면 새로운 시로, 세계로, 존재로, 풍경으로, 사회와 역사 속으로 헤엄쳐 나갈 수 있다. 우리가 살아가는 사회와 역사와 미래는 바로 이들의 새로운 세상이다.

　'알'은 포용의 에너지를 지니고 있다. 원융의 힘이다. 안과 밖, 감성과 이성, 시니피앙과 시니피에, 형식과 내용, 현실과 이상, 구심력과 원심력으로 세상의 긴장과 이완의 이치를 창조하는 역동적 상상력이다. 외연의 확장을 내포의 힘으로 감싸안고 생명을 키운다.

　'알'의 시들은 원융의 강렬한 에너지를 생명의 원천으로 삼는다. 그 원천에는 먼 산에서 소식을 전하러 저녁 바다로 가는 계곡도 있으며, 시장으로 저녁 밥을 먹으러 몰려가는 시장기도 있다. 두 팔을 벌리고 봉화를 올리는 등대도 있다. 멀리 떠나서 사물의 한계를 벗어

나 새 세상을 열어야 한다는 신념도 있다. 어디를 가나 삶의 이치를 핏줄처럼 심줄을 당겨서 하늘을 나는 가오리연도 있다.

멀리 갔다가 고향으로 돌아오고 싶은 삶의 운명적 귀환처럼, 산 구릉 위의 무덤들은 강을 건너오는 언어의 자식들을 기다리고 있지 않은가. 그 잔디가 파릇파릇 다정한 시들의 하늘 공원이 되지 않는가. 그 시의 공원과 무덤들이 둥글 듯이 알의 시들은 파릇파릇한 부활의 무덤이라는 재생의 시의 시대를 예감한다.

*

양재천 식구들에게서 40년 가까이 시의 밥상을 받았다. 양재천으로 발을 옮기면 온몸이 쩌릿쩌릿하다. 시련이 많았다. 그 고통을 함께 나눈 사물들의 고군분투를 생각하면 눈물겹다.

꿈을 함께 나누었던 무지개다리가 철거되고, 사유의 오솔길이던 천변의 화창한 벚꽃 발전소도 사라졌다. 서정의 명소들이 하나씩 개발 아닌 개발의 희생양이 되었다. 예술공원 둘레길에서 자주 만났던 붉은 눈망울로 인사를 주고받았던 명자나무 낮은 마을도 어느

날 어디론지 가는 곳도 모른 채 철거되었다. 한적한 길가에서 마주치던 남천의 열매 같은 눈망울 지녔던 토끼들도 종적을 감췄다. 이제 모두 어느 하늘 아래에서 살고 있는지 소식조차 물을 곳이 없다.

 시가 오는 일이란 생명의 경외다. 시의 언어는 제 살던 의미의 굳은 제 껍질을 깨고 세상 밖으로 나와서 새로운 의미와의 만남을 갈구한다. "내 목을 쳐라. 나는 태어난다." 알의 언어가 세계를 향한 선언이다. 이 선언에는 새로운 존재가 되고, 새로운 가치가 되고, 새로운 비전으로 나아가고자 하는 양자의 생리가 있다. 나는 이 알의 언어를 숭배한다. 이 숭배의 정신이 내가 시를 쓰는 나도 모르는 신비로운 영험의 상상력이다.
 이 언어의 순례에 나의 시는 경의를 바친다. 양재천 사물들의 이력이 내 시의 영감이요, 알이요, 새로운 세계로 당당하게 개선하는 노래이기를 나는 갈망한다.

*

 양재천 가족들의 일기를 쓰고 싶었다. 그들의 탄생과, 살아가는 모습과 쓸쓸하게 세상을 떠나는, 생을 건

녀가는 이승의 순례를 이야기하고 싶었다. 누구도 귀를 기울여 주지 않는 '사소한 삶(?)'이라 해도 자서전을 대필하고 싶었다. 하루하루 내가 살아가는 일상들과 닮아 있기 때문이다.

천변에 앉아 마음의 그늘을 한없이 내리고 있으면 백로와 쇠백로와 청둥오리 부부와 물 병아리들이 사립문을 들락거린다. 먼 유랑의 역정이 내가 살아온 유랑과 겹쳐 보여서 은혜롭기도 하고 참회가 일기도 한다. 내 시들은 이러한 사물들의 살아온 이력일지도 모른다.

봄이 오기를 학수고대했다. 천변에서 만물이 생동하는 공장 재생 가동의 소리가 화창하게 들린다. 나사들이 조이는 소리가 겨울나무와 봄나무 사이에서, 새들과 허공 사이에서, 아침과 저녁 사이에서 심장에 말뚝 박는 소리처럼 화창하게 들린다.

우수에는 잔설이 녹아서 앞산 계곡을 타고 내려와 여의천에서 한 며칠 쉬어 가고 싶은 적이 있었다. 마침 그 저녁 무렵 잔물결을 타고 놀던 물 병아리가 가출했다. 온 동네가 소란스럽고 미안하여 잔설의 물살은 슬며시 돌아 탄천으로 물길을 돌릴 수밖에 없었다.

서정抒情을 향하다 117

*

 여름에는 시의 감정이 뜨거워진다. 뜨거운 감정을 달래기 쉽지 않다. 감정을 달래서 사유의 시간 속으로 안고 살아야 한다. 연꽃의 시심이 대표적이다. '연밥'의 시가 되기 위해서 솥뚜껑이 열리고 엉덩이가 뜨거워져야 한다. 해가 익어 가는 저녁을 기다려야 한다.

 폭포를 가슴에 품고 살았다. 가슴이 텅 빈 허공처럼 비어 있다고 절망의 나날을 보낸 적도 있었다. 텅 빈 가슴은 소나기가 와서 쾰쾰 허공을 범람시킨다. 소나기는 온몸으로 밀려와 폭포의 낭떠러지에 목을 매달았다. 사랑이란 이런 것이 아니겠는가.

*

 저녁 구름 사이로 고양이 그림자가 어슬렁거린다. 가을이 왔다는 기별이다. 골목길의 가로등은 바다의 골목 등대와 같다. 들고양이들이 등대가 켜지면 빈집을 돌아서 들어간다. 늘 뒤로 돌아서 간다. 고독이라는 정글 속에서 그늘과 외로움과 슬픔과 배고픔으로 천변의 편의점이 되어야 한다. 어둠으로 배를 채우는 고양이의 저녁이다.

*

 얼음장 사이에서 놀던 물 병아리가 다가서니 물 밑 얼음 방으로 번개처럼 사라진다. 겨울의 신호다. 겨울은 늘 시대적으로 암울했다. 노래에도 입이 없었다. 계엄령이 내렸고 천둥은 울지 않았다. 번개는 너무나 멀리 서서 입이 없는 노래를 불렀다. 겨울의 언어는 침묵이었다.

*

 그림자들은 늘 외롭다. 그림자들은 늘 명상으로 일과를 보낸다. 아침에는 생각이 길어졌다가도 낮에는 생각이 짧아진다. 해가 가까워지는 낮에는 낮잠을 자기도 한다. 흐린 날에는 외출을 하거나 먼 가족들을 만나러 가도 아무도 모른다.
 명상이 깊어지면 내가 살아 있는지 죽어 있는지도 모르게 만행을 떠날 때도 있었다. 나의 운명은 가까이 있어도 사랑한다고 말할 수 없는 숙명의 굴레. 그 목에는 쇠줄이 걸려 있다. 삶의 쇠줄, 운명의 그네 타고 있어 탈출할 수 없는 감옥이다. 사랑한다고 말해 본 적이 없는 새벽도 어느새 눈 내리는 날에는 저녁이 되어 버린다.

 옛날 기억들은 꽃으로 소생하나 보다. 동백꽃도, 매화도 그렇다. 점점 기억이 사라져 갈 때, 동백꽃과 매화를 만나면 어느 작가의 소설처럼 '아직도 우리는 살아남았다'는 환호가 귀에 쟁쟁하다. 꽃들은 땅에 떨어져서도 붉은 얼굴의 눈은 살아 있다. 눈이 살아서 '사즉필생'이라 말하고 있다. 눈으로 말하는 꽃들을 보지 않았는가.
 양자의 시들은 영생하는 생명의 기쁨으로 살아가리라.

 *이 글은 시집 『의자의 봄날』에 수록된 「시인의 산문」임